THE FAR SIDE®

Mating Rituals

2006 Desk Calendar

GARY LARSON

Andrews McMeel
Publishing

an Andrews McMeel Universal company
Kansas City

 For information write Andrews McMeel Publishing, an Andrews McMeel Universal company, 4520 Main Street, Kansas City, Missouri 64111.

www.andrewsmcmeel.com

All Jewish holidays begin at sundown the previous day.

The start dates of the seasons are presented in U.S. Eastern Standard Time.

ISBN: 0-7407-5164-6

Darwin figured it out 150 years ago. *The Theory of Natural Selection*. Survival of the fittest. Remember that from junior high biology? The strongest, smartest, fastest, most attractive members of an animal species succeed in winning mates, thus assuring the survival—and gradual evolution—of their breed. Think about it ... and then feel good about yourself. After all, you've survived. You spring from a long line of winners. Well done!

But what comes of the less fit ... those that nature does *not* select? You know ... the slow-witted and weak, the dim and the just plain dorky. Well, but for the work of one man, we likely would never know. Luckily, Gary Larson has chronicled the mishaps, maladies, and miserable failures of these less-than-alpha males and females in **The Far Side**®. By paying special attention to the peculiar mating rituals practiced by **The Far Side's** subjects (dogs, cows, clowns, apes, nerds, etc.), Larson has over the years developed what amounts to the definitive treatise on inept courtship behavior. Call it Larson's own *Theory of Natural Rejection*.

Each week, this little gem of a calendar presents a rare, behind-the-scenes glimpse at nature's chronic romantic underachievers. It's like that show *Blind Date* except starring insects, aliens, farm animals, and cavemen.

Read these cartoons. Laugh if you must. But above all, learn. Learn from their mistakes. Because like it or not, the continued viability of the species depends on you.

We thank you, and Charles Darwin thanks you.

JANUARY 2006

Sunday	Monday	Tuesday	Wednesday	Thursday	Friday	Saturday
1 New Year's Day Kwanzaa ends (USA)	2 Bank Holiday (UK) Last Day of Hanukkah	3	4	5	6	7
8	9	10	11	12	13	14
15	16 Martin Luther King Jr.'s Birthday (observed) (USA)	17	18	19	20	21
22	23	24	25	26 Australia Day	27	28
29	30	31	1	2	3	4

DECEMBER 2005

S	M	T	W	T	F	S
27	28	29	30	1	2	3
4	5	6	7	8	9	10
11	12	13	14	15	16	17
18	19	20	21	22	23	24
25	26	27	28	29	30	31

NOTES

FEBRUARY 2006

S	M	T	W	T	F	S
29	30	31	1	2	3	4
5	6	7	8	9	10	11
12	13	14	15	16	17	18
19	20	21	22	23	24	25
26	27	28	1	2	3	4

NÔTES

mail2.eircom.net

Yes. This is Eve. ...Oh, hello, Adam!.. The Garden? Saturday? Oh, I'd love to!.. Okay... See you soon... Byebye.
Oh, my God!.. I haven't a thing to wear.

DEC '05 – JAN '06

DECEMBER 2005

S	M	T	W	T	F	S
27	28	29	30	1	2	3
4	5	6	7	8	9	10
11	12	13	14	15	16	17
18	19	20	21	22	23	24
25	26	27	28	29	30	31

JANUARY 2006

S	M	T	W	T	F	S
1	2	3	4	5	6	7
8	9	10	11	12	13	14
15	16	17	18	19	20	21
22	23	24	25	26	27	28
29	30	31	1	2	3	4

MONDAY 26

First Day of Hanukkah

Kwanzaa begins (USA)

Boxing Day (Canada, NZ, UK, Australia—except SA)

Proclamation Day (Australia—SA)

TUESDAY 27

WEDNESDAY 28

THURSDAY 29

FRIDAY 30

SATURDAY 31

SUNDAY 1

New Year's Day

Kwanzaa ends (USA)

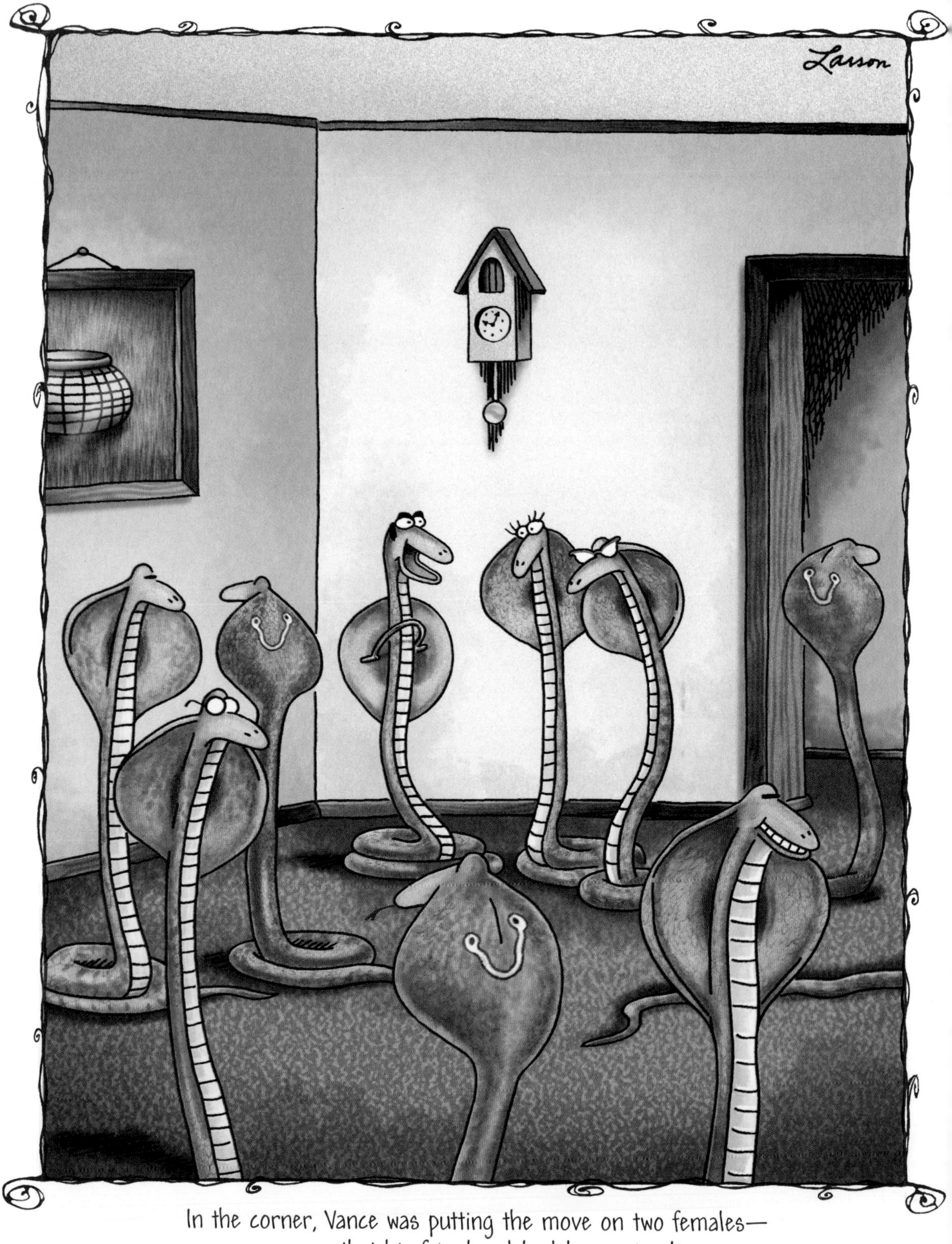

In the corner, Vance was putting the move on two females—
unaware that his fake hood had begun to slip.

JANUARY 2006

JANUARY 2006						
S	M	T	W	T	F	S
1	2	3	4	5	6	7
8	9	10	11	12	13	14
15	16	17	18	19	20	21
22	23	24	25	26	27	28
29	30	31	1	2	3	4

FEBRUARY 2006						
S	M	T	W	T	F	S
29	30	31	1	2	3	4
5	6	7	8	9	10	11
12	13	14	15	16	17	18
19	20	21	22	23	24	25
26	27	28	1	2	3	4

MONDAY 2

Bank Holiday (UK)

Last Day of Hanukkah

TUESDAY 3

WEDNESDAY 4

THURSDAY 5

FRIDAY 6

SATURDAY 7

SUNDAY 8

Me know Grog, inventor of wheel, and Thag, maker of fire.
Name-dropper.
Larson

JANUARY 2006

JANUARY 2006

S	M	T	W	T	F	S
1	2	3	4	5	6	7
8	9	10	11	12	13	14
15	16	17	18	19	20	21
22	23	24	25	26	27	28
29	30	31	1	2	3	4

FEBRUARY 2006

S	M	T	W	T	F	S
29	30	31	1	2	3	4
5	6	7	8	9	10	11
12	13	14	15	16	17	18
19	20	21	22	23	24	25
26	27	28	1	2	3	4

MONDAY
9

TUESDAY
10

WEDNESDAY
11

THURSDAY
12

FRIDAY
13

SATURDAY
14

SUNDAY
15

"I'm sorry, Irwin. ... It's your breath. It's ... it's fresh and minty."

JANUARY 2006

JANUARY 2006						
S	M	T	W	T	F	S
1	2	3	4	5	6	7
8	9	10	11	12	13	14
15	16	17	18	19	20	21
22	23	24	25	26	27	28
29	30	31	1	2	3	4

FEBRUARY 2006						
S	M	T	W	T	F	S
29	30	31	1	2	3	4
5	6	7	8	9	10	11
12	13	14	15	16	17	18
19	20	21	22	23	24	25
26	27	28	1	2	3	4

MONDAY
16

Martin Luther King Jr.'s Birthday (observed) (USA)

TUESDAY
17

WEDNESDAY
18

THURSDAY
19

FRIDAY
20

SATURDAY
21

SUNDAY
22

"I judge a man by the shoes he wears, Jerry."

JANUARY 2006

JANUARY 2006						
S	M	T	W	T	F	S
1	2	3	4	5	6	7
8	9	10	11	12	13	14
15	16	17	18	19	20	21
22	23	24	25	26	27	28
29	30	31	1	2	3	4

FEBRUARY 2006						
S	M	T	W	T	F	S
29	30	31	1	2	3	4
5	6	7	8	9	10	11
12	13	14	15	16	17	18
19	20	21	22	23	24	25
26	27	28	1	2	3	4

MONDAY
23

TUESDAY
24

WEDNESDAY
25

THURSDAY
26

Australia Day

FRIDAY
27

SATURDAY
28

SUNDAY
29

FEBRUARY 2006

SUNDAY	MONDAY	TUESDAY	WEDNESDAY	THURSDAY	FRIDAY	SATURDAY
29	30	31	1	2 Groundhog Day (USA)	3	4
5	6 Waitangi Day (NZ)	7	8	9	10	11
12	13	14 St. Valentine's Day	15	16	17	18
19	20 Presidents' Day (USA)	21	22	23	24	25
26	27	28	1	2	3	4

JANUARY 2006

S	M	T	W	T	F	S
1	2	3	4	5	6	7
8	9	10	11	12	13	14
15	16	17	18	19	20	21
22	23	24	25	26	27	28
29	30	31	1	2	3	4

NOTES

MARCH 2006

S	M	T	W	T	F	S
26	27	28	1	2	3	4
5	6	7	8	9	10	11
12	13	14	15	16	17	18
19	20	21	22	23	24	25
26	27	28	29	30	31	1

NOTES

"Oh, and here's Luanne now. ... Bobby just got sheared today, Luanne."

JANUARY 2006						
S	M	T	W	T	F	S
1	2	3	4	5	6	7
8	9	10	11	12	13	14
15	16	17	18	19	20	21
22	23	24	25	26	27	28
29	30	31	1	2	3	4

JAN–FEB 2006

FEBRUARY 2006						
S	M	T	W	T	F	S
29	30	31	1	2	3	4
5	6	7	8	9	10	11
12	13	14	15	16	17	18
19	20	21	22	23	24	25
26	27	28	1	2	3	4

MONDAY
30

TUESDAY
31

WEDNESDAY
1

THURSDAY
2

Groundhog Day (USA)

FRIDAY
3

SATURDAY
4

SUNDAY
5

Darren was unaware that, under the table,
his wife and Raymond were playing "tentaclies."

FEBRUARY 2006

FEBRUARY 2006						
S	M	T	W	T	F	S
29	30	31	1	2	3	4
5	6	7	8	9	10	11
12	13	14	15	16	17	18
19	20	21	22	23	24	25
26	27	28	1	2	3	4

MARCH 2006						
S	M	T	W	T	F	S
26	27	28	1	2	3	4
5	6	7	8	9	10	11
12	13	14	15	16	17	18
19	20	21	22	23	24	25
26	27	28	29	30	31	1

MONDAY 6

Waitangi Day (NZ)

TUESDAY 7

WEDNESDAY 8

THURSDAY 9

FRIDAY 10

SATURDAY 11

SUNDAY 12

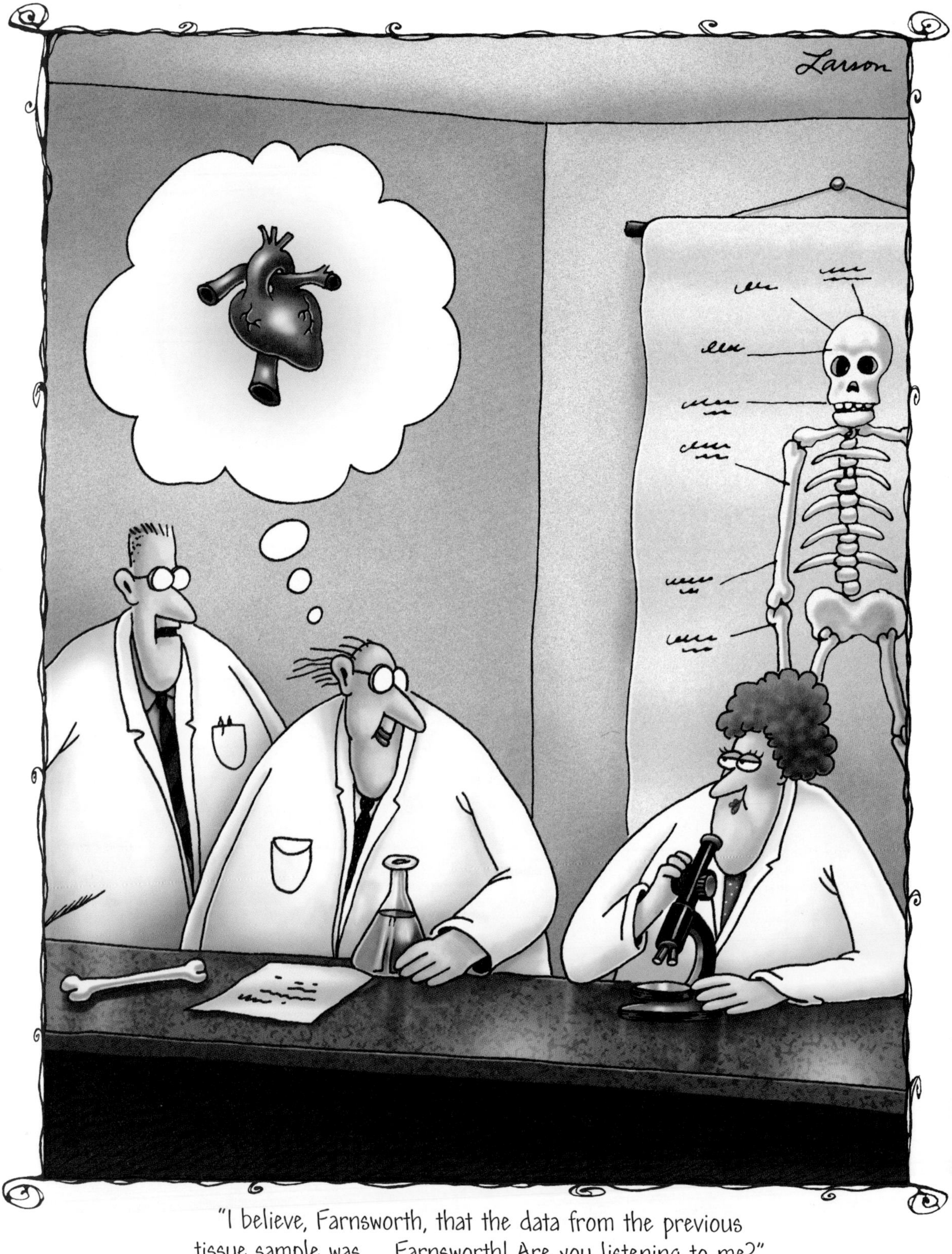

"I believe, Farnsworth, that the data from the previous tissue sample was ... Farnsworth! Are you listening to me?"

FEBRUARY 2006

FEBRUARY 2006						
S	M	T	W	T	F	S
29	30	31	1	2	3	4
5	6	7	8	9	10	11
12	13	14	15	16	17	18
19	20	21	22	23	24	25
26	27	28	1	2	3	4

MARCH 2006						
S	M	T	W	T	F	S
26	27	28	1	2	3	4
5	6	7	8	9	10	11
12	13	14	15	16	17	18
19	20	21	22	23	24	25
26	27	28	29	30	31	1

MONDAY 13

TUESDAY 14

St. Valentine's Day

WEDNESDAY 15

THURSDAY 16

FRIDAY 17

SATURDAY 18

SUNDAY 19

"Oh, the box of dead flies? Ramone gave them to me Saturday night during his courtship display. ... Of course, they were already sucked dry."

FEBRUARY 2006

FEBRUARY 2006

S	M	T	W	T	F	S
29	30	31	1	2	3	4
5	6	7	8	9	10	11
12	13	14	15	16	17	18
19	20	21	22	23	24	25
26	27	28	1	2	3	4

MARCH 2006

S	M	T	W	T	F	S
26	27	28	1	2	3	4
5	6	7	8	9	10	11
12	13	14	15	16	17	18
19	20	21	22	23	24	25
26	27	28	29	30	31	1

MONDAY 20

Presidents' Day (USA)

TUESDAY 21

WEDNESDAY 22

THURSDAY 23

FRIDAY 24

SATURDAY 25

SUNDAY 26

MARCH 2006

SUNDAY	MONDAY	TUESDAY	WEDNESDAY	THURSDAY	FRIDAY	SATURDAY
26	27	28	1 Ash Wednesday St. David's Day (UK)	2	3	4
5	6 Labour Day (Australia—WA)	7	8 International Women's Day	9	10	11
12	13 Eight Hours Day (Australia—TAS) Labour Day (Australia—VIC) Commonwealth Day (Australia, Canada, NZ, UK)	14 Purim	15	16	17 St. Patrick's Day	18
19	20 Canberra Day (Australia—ACT) First Day of Spring	21	22	23	24	25
26 Mothering Sunday (UK)	27	28	29	30	31	1

FEBRUARY 2006

S	M	T	W	T	F	S
29	30	31	1	2	3	4
5	6	7	8	9	10	11
12	13	14	15	16	17	18
19	20	21	22	23	24	25
26	27	28	1	2	3	4

NOTES

APRIL 2006

S	M	T	W	T	F	S
26	27	28	29	30	31	1
2	3	4	5	6	7	8
9	10	11	12	13	14	15
16	17	18	19	20	21	22
23/30	24	25	26	27	28	29

NOTES

Goldfish little brothers

FEB – MAR 2006

FEBRUARY 2006						
S	M	T	W	T	F	S
29	30	31	1	2	3	4
5	6	7	8	9	10	11
12	13	14	15	16	17	18
19	20	21	22	23	24	25
26	27	28	1	2	3	4

MARCH 2006						
S	M	T	W	T	F	S
26	27	28	1	2	3	4
5	6	7	8	9	10	11
12	13	14	15	16	17	18
19	20	21	22	23	24	25
26	27	28	29	30	31	1

MONDAY 27

TUESDAY 28

WEDNESDAY 1

Ash Wednesday

St. David's Day (UK)

THURSDAY 2

FRIDAY 3

SATURDAY 4

SUNDAY 5

After years of harboring his secret desires, Ned finally hits on the senior librarian.

MARCH 2006

S	M	T	W	T	F	S
26	27	28	1	2	3	4
5	6	7	8	9	10	11
12	13	14	15	16	17	18
19	20	21	22	23	24	25
26	27	28	29	30	31	1

MARCH 2006

APRIL 2006

S	M	T	W	T	F	S
26	27	28	29	30	31	1
2	3	4	5	6	7	8
9	10	11	12	13	14	15
16	17	18	19	20	21	22
23	24	25	26	27	28	29
30	1	2	3	4	5	6

MONDAY 6

Labour Day (Australia—WA)

TUESDAY 7

WEDNESDAY 8

International Women's Day

THURSDAY 9

FRIDAY 10

SATURDAY 11

SUNDAY 12

Lewis and Clark meet Sylvia and Rhonda.

MARCH 2006

MARCH 2006						
S	M	T	W	T	F	S
26	27	28	1	2	3	4
5	6	7	8	9	10	11
12	13	14	15	16	17	18
19	20	21	22	23	24	25
26	27	28	29	30	31	1

APRIL 2006						
S	M	T	W	T	F	S
26	27	28	29	30	31	1
2	3	4	5	6	7	8
9	10	11	12	13	14	15
16	17	18	19	20	21	22
23	24	25	26	27	28	29
30	1	2	3	4	5	6

MONDAY 13

Eight Hours Day (Australia—TAS)

Labour Day (Australia—VIC)

Commonwealth Day (Australia, Canada, NZ, UK)

TUESDAY 14

Purim

WEDNESDAY 15

THURSDAY 16

FRIDAY 17

St. Patrick's Day

SATURDAY 18

SUNDAY 19

Inevitably, their affair ended: Howard worried excessively about what the pack would think, and Agnes simply ate the flowers.

MARCH 2006

MARCH 2006

S	M	T	W	T	F	S
26	27	28	1	2	3	4
5	6	7	8	9	10	11
12	13	14	15	16	17	18
19	20	21	22	23	24	25
26	27	28	29	30	31	1

APRIL 2006

S	M	T	W	T	F	S
26	27	28	29	30	31	1
2	3	4	5	6	7	8
9	10	11	12	13	14	15
16	17	18	19	20	21	22
23	24	25	26	27	28	29
30	1	2	3	4	5	6

MONDAY 20

Canberra Day (Australia—ACT)

First Day of Spring

TUESDAY 21

WEDNESDAY 22

THURSDAY 23

FRIDAY 24

SATURDAY 25

SUNDAY 26

Mothering Sunday (UK)

APRIL 2006

Sunday	Monday	Tuesday	Wednesday	Thursday	Friday	Saturday
26	27	28	29	30	31	1 April Fools' Day
2 Daylight Saving Time begins	3	4	5	6	7	8
9 Palm Sunday	10	11	12	13 First Day of Passover	14 Good Friday (Western) Bank Holiday (Australia—TAS)	15 Easter Saturday (Australia—except VIC, WA)
16 Easter (Western)	17 Easter Monday (Australia, Canada, NZ, UK—except Scotland)	18	19	20 Last Day of Passover	21 Holy Friday (Orthodox)	22 Earth Day
23 St. George's Day (UK) Easter (Orthodox) / 30	24	25 Anzac Day (Australia, NZ)	26	27	28	29

MARCH 2006

S	M	T	W	T	F	S
26	27	28	1	2	3	4
5	6	7	8	9	10	11
12	13	14	15	16	17	18
19	20	21	22	23	24	25
26	27	28	29	30	31	1

NOTES

MAY 2006

S	M	T	W	T	F	S
30	1	2	3	4	5	6
7	8	9	10	11	12	13
14	15	16	17	18	19	20
21	22	23	24	25	26	27
28	29	30	31	1	2	3

NOTES

"Well, well—another blonde hair. ...
Conducting a little more 'research' with that Jane Goodall tramp?"

MAR–APR 2006

MARCH 2006						
S	M	T	W	T	F	S
26	27	28	1	2	3	4
5	6	7	8	9	10	11
12	13	14	15	16	17	18
19	20	21	22	23	24	25
26	27	28	29	30	31	1

APRIL 2006						
S	M	T	W	T	F	S
26	27	28	29	30	31	1
2	3	4	5	6	7	8
9	10	11	12	13	14	15
16	17	18	19	20	21	22
23	24	25	26	27	28	29
30	1	2	3	4	5	6

MONDAY 27

TUESDAY 28

WEDNESDAY 29

THURSDAY 30

FRIDAY 31

SATURDAY 1

April Fools' Day

Daylight Saving Time begins

SUNDAY 2

"Stay away from that character down there, Barb—he's poison for sure."

APRIL 2006

S	M	T	W	T	F	S
26	27	28	29	30	31	1
2	3	4	5	6	7	8
9	10	11	12	13	14	15
16	17	18	19	20	21	22
23	24	25	26	27	28	29
30	1	2	3	4	5	6

APRIL 2006

MAY 2006

S	M	T	W	T	F	S
30	1	2	3	4	5	6
7	8	9	10	11	12	13
14	15	16	17	18	19	20
21	22	23	24	25	26	27
28	29	30	31	1	2	3

MONDAY
3

TUESDAY
4

WEDNESDAY
5

THURSDAY
6

FRIDAY
7

SATURDAY
8

Palm Sunday

SUNDAY
9

"He kids me ... he kids me not. ... He kids me ... he kids me not. ... "

APRIL 2006

APRIL 2006

S	M	T	W	T	F	S
26	27	28	29	30	31	1
2	3	4	5	6	7	8
9	10	11	12	13	14	15
16	17	18	19	20	21	22
23	24	25	26	27	28	29
30	1	2	3	4	5	6

MAY 2006

S	M	T	W	T	F	S
30	1	2	3	4	5	6
7	8	9	10	11	12	13
14	15	16	17	18	19	20
21	22	23	24	25	26	27
28	29	30	31	1	2	3

MONDAY 10

TUESDAY 11

WEDNESDAY 12

THURSDAY 13

First Day of Passover

FRIDAY 14

Good Friday (Western)

Bank Holiday (Australia—TAS)

SATURDAY 15

Easter Saturday (Australia—except VIC, WA)

SUNDAY 16

Easter (Western)

"Vera! Come quick! Some nature show has a hidden camera in the Ericksons' burrow! ... We're going to see their entire courtship behavior!"

APRIL 2006

APRIL 2006

S	M	T	W	T	F	S
26	27	28	29	30	31	1
2	3	4	5	6	7	8
9	10	11	12	13	14	15
16	17	18	19	20	21	22
23	24	25	26	27	28	29
30	1	2	3	4	5	6

MAY 2006

S	M	T	W	T	F	S
30	1	2	3	4	5	6
7	8	9	10	11	12	13
14	15	16	17	18	19	20
21	22	23	24	25	26	27
28	29	30	31	1	2	3

MONDAY 17

Easter Monday (Australia, Canada, NZ, UK—except Scotland)

TUESDAY 18

WEDNESDAY 19

THURSDAY 20

Last Day of Passover

FRIDAY 21

Holy Friday (Orthodox)

SATURDAY 22

Earth Day

SUNDAY 23

St. George's Day (UK)
Easter (Orthodox)

"I don't know what you're insinuating, Jane, but I haven't seen your Harold all day—besides, surely you know I would only devour my own husband!"

S	M	T	W	T	F	S
26	27	28	29	30	31	1
2	3	4	5	6	7	8
9	10	11	12	13	14	15
16	17	18	19	20	21	22
23	24	25	26	27	28	29
30	1	2	3	4	5	6

APRIL 2006

MAY 2006

S	M	T	W	T	F	S
30	1	2	3	4	5	6
7	8	9	10	11	12	13
14	15	16	17	18	19	20
21	22	23	24	25	26	27
28	29	30	31	1	2	3

MONDAY 24

TUESDAY 25

Anzac Day (Australia, NZ)

WEDNESDAY 26

THURSDAY 27

FRIDAY 28

SATURDAY 29

SUNDAY 30

MAY 2006

Sunday	Monday	Tuesday	Wednesday	Thursday	Friday	Saturday
30	1 Labour Day (Australia—QLD) Early May Bank Holiday (Eire, UK) May Day	2	3	4	5	6
7	8	9	10	11	12	13
14 Mother's Day (USA, Australia, Canada, NZ)	15	16	17	18	19	20 Armed Forces Day (USA)
21	22 Victoria Day (Canada)	23	24	25	26	27
28	29 Memorial Day (USA) Spring Bank Holiday (UK)	30	31	1	2	3

APRIL 2006

S	M	T	W	T	F	S
26	27	28	29	30	31	1
2	3	4	5	6	7	8
9	10	11	12	13	14	15
16	17	18	19	20	21	22
23/30	24	25	26	27	28	29

NOTES

JUNE 2006

S	M	T	W	T	F	S
28	29	30	31	1	2	3
4	5	6	7	8	9	10
11	12	13	14	15	16	17
18	19	20	21	22	23	24
25	26	27	28	29	30	1

NOTES

"My marriage is in trouble, Barbara.
You ever tried communicating with a hammerhead?"

MAY 2006

MAY 2006						
S	M	T	W	T	F	S
30	1	2	3	4	5	6
7	8	9	10	11	12	13
14	15	16	17	18	19	20
21	22	23	24	25	26	27
28	29	30	31	1	2	3

JUNE 2006						
S	M	T	W	T	F	S
28	29	30	31	1	2	3
4	5	6	7	8	9	10
11	12	13	14	15	16	17
18	19	20	21	22	23	24
25	26	27	28	29	30	1

MONDAY 1

Labour Day (Australia—QLD)

Early May Bank Holiday (Eire, UK)

May Day

TUESDAY 2

WEDNESDAY 3

THURSDAY 4

FRIDAY 5

SATURDAY 6

SUNDAY 7

Early corsages

MAY 2006

MAY 2006

S	M	T	W	T	F	S
30	1	2	3	4	5	6
7	8	9	10	11	12	13
14	15	16	17	18	19	20
21	22	23	24	25	26	27
28	29	30	31	1	2	3

JUNE 2006

S	M	T	W	T	F	S
28	29	30	31	1	2	3
4	5	6	7	8	9	10
11	12	13	14	15	16	17
18	19	20	21	22	23	24
25	26	27	28	29	30	1

MONDAY 8

TUESDAY 9

WEDNESDAY 10

THURSDAY 11

FRIDAY 12

SATURDAY 13

Mother's Day (USA, Australia, Canada, NZ)

SUNDAY 14

Popeye! No!
I yam what I yam!
Larson

MAY 2006

MAY 2006

S	M	T	W	T	F	S
30	1	2	3	4	5	6
7	8	9	10	11	12	13
14	15	16	17	18	19	20
21	22	23	24	25	26	27
28	29	30	31	1	2	3

JUNE 2006

S	M	T	W	T	F	S
28	29	30	31	1	2	3
4	5	6	7	8	9	10
11	12	13	14	15	16	17
18	19	20	21	22	23	24
25	26	27	28	29	30	1

MONDAY 15

TUESDAY 16

WEDNESDAY 17

THURSDAY 18

FRIDAY 19

SATURDAY 20

Armed Forces Day (USA)

SUNDAY 21

"I don't have any hard evidence, Connie, but my intuition tells me that Ed's been cross-pollinating."

MAY 2006

MAY 2006						
S	M	T	W	T	F	S
30	1	2	3	4	5	6
7	8	9	10	11	12	13
14	15	16	17	18	19	20
21	22	23	24	25	26	27
28	29	30	31	1	2	3

JUNE 2006						
S	M	T	W	T	F	S
28	29	30	31	1	2	3
4	5	6	7	8	9	10
11	12	13	14	15	16	17
18	19	20	21	22	23	24
25	26	27	28	29	30	1

MONDAY 22

Victoria Day (Canada)

TUESDAY 23

WEDNESDAY 24

THURSDAY 25

FRIDAY 26

SATURDAY 27

SUNDAY 28

JUNE 2006

Sunday	Monday	Tuesday	Wednesday	Thursday	Friday	Saturday
28	29	30	31	1	2	3
4	5 Queen's Birthday (NZ) Foundation Day (Australia—WA) Bank Holiday (Eire)	6	7	8	9	10
11	12 Queen's Birthday (Australia—except WA)	13	14 Flag Day (USA)	15	16	17
18 Father's Day (USA, Canada, UK)	19	20	21 First Day of Summer	22	23	24
25	26	27	28	29	30	1

MAY 2006

S	M	T	W	T	F	S
30	1	2	3	4	5	6
7	8	9	10	11	12	13
14	15	16	17	18	19	20
21	22	23	24	25	26	27
28	29	30	31	1	2	3

NOTES

JULY 2006

S	M	T	W	T	F	S
25	26	27	28	29	30	1
2	3	4	5	6	7	8
9	10	11	12	13	14	15
16	17	18	19	20	21	22
23/30	24/31	25	26	27	28	29

NOTES

"Confession time, Mona—I've lead you astray."

MAY–JUNE 2006

MAY 2006						
S	M	T	W	T	F	S
30	1	2	3	4	5	6
7	8	9	10	11	12	13
14	15	16	17	18	19	20
21	22	23	24	25	26	27
28	29	30	31	1	2	3

JUNE 2006						
S	M	T	W	T	F	S
28	29	30	31	1	2	3
4	5	6	7	8	9	10
11	12	13	14	15	16	17
18	19	20	21	22	23	24
25	26	27	28	29	30	1

MONDAY
29

Memorial Day (USA)

Spring Bank Holiday (UK)

TUESDAY
30

WEDNESDAY
31

THURSDAY
1

FRIDAY
2

SATURDAY
3

SUNDAY
4

The anthropologist's dream: a beautiful woman in one hand, the fossilized skull of a *Homo habilus* in the other.

JUNE 2006

S	M	T	W	T	F	S
28	29	30	31	1	2	3
4	5	6	7	8	9	10
11	12	13	14	15	16	17
18	19	20	21	22	23	24
25	26	27	28	29	30	1

JUNE 2006

JULY 2006

S	M	T	W	T	F	S
25	26	27	28	29	30	1
2	3	4	5	6	7	8
9	10	11	12	13	14	15
16	17	18	19	20	21	22
23	24	25	26	27	28	29
30	31	1	2	3	4	5

MONDAY 5

Queen's Birthday (NZ)

Foundation Day (Australia—WA)

Bank Holiday (Eire)

TUESDAY 6

WEDNESDAY 7

THURSDAY 8

FRIDAY 9

SATURDAY 10

SUNDAY 11

"Hold it right there, young lady! Before you go out, you take off some of that makeup and wash off that gallon of pheromones!"

JUNE 2006

JUNE 2006						
S	M	T	W	T	F	S
28	29	30	31	1	2	3
4	5	6	7	8	9	10
11	12	13	14	15	16	17
18	19	20	21	22	23	24
25	26	27	28	29	30	1

JULY 2006						
S	M	T	W	T	F	S
25	26	27	28	29	30	1
2	3	4	5	6	7	8
9	10	11	12	13	14	15
16	17	18	19	20	21	22
23	24	25	26	27	28	29
30	31	1	2	3	4	5

MONDAY 12

Queen's Birthday (Australia—except WA)

TUESDAY 13

WEDNESDAY 14

Flag Day (USA)

THURSDAY 15

FRIDAY 16

SATURDAY 17

Father's Day (USA, Canada, UK)

SUNDAY 18

"You're not fooling me, Ned. ... Taking a long walk on the beach sounds romantic, but I know you're just looking for crustaceans."

JUNE 2006						
S	M	T	W	T	F	S
28	29	30	31	1	2	3
4	5	6	7	8	9	10
11	12	13	14	15	16	17
18	19	20	21	22	23	24
25	26	27	28	29	30	1

JUNE 2006

JULY 2006						
S	M	T	W	T	F	S
25	26	27	28	29	30	1
2	3	4	5	6	7	8
9	10	11	12	13	14	15
16	17	18	19	20	21	22
23	24	25	26	27	28	29
30	31	1	2	3	4	5

MONDAY 19

TUESDAY 20

WEDNESDAY 21

First Day of Summer

THURSDAY 22

FRIDAY 23

SATURDAY 24

SUNDAY 25

JULY 2006

SUNDAY	MONDAY	TUESDAY	WEDNESDAY	THURSDAY	FRIDAY	SATURDAY
25	26	27	28	29	30	1 Canada Day
2	3	4 Independence Day (USA)	5	6	7	8
9	10	11	12 Battle of the Boyne Day (Northern Ireland)	13	14	15
16	17	18	19	20	21	22
23 / 30	24 / 31	25	26	27	28	29

JUNE 2006

S	M	T	W	T	F	S
28	29	30	31	1	2	3
4	5	6	7	8	9	10
11	12	13	14	15	16	17
18	19	20	21	22	23	24
25	26	27	28	29	30	1

NOTES

AUGUST 2006

S	M	T	W	T	F	S
30	31	1	2	3	4	5
6	7	8	9	10	11	12
13	14	15	16	17	18	19
20	21	22	23	24	25	26
27	28	29	30	31	1	2

NOTES

When ornithologists are mutually attracted

JUNE–JULY 2006

JUNE 2006						
S	M	T	W	T	F	S
28	29	30	31	1	2	3
4	5	6	7	8	9	10
11	12	13	14	15	16	17
18	19	20	21	22	23	24
25	26	27	28	29	30	1

JULY 2006						
S	M	T	W	T	F	S
25	26	27	28	29	30	1
2	3	4	5	6	7	8
9	10	11	12	13	14	15
16	17	18	19	20	21	22
23	24	25	26	27	28	29
30	31	1	2	3	4	5

MONDAY 26

TUESDAY 27

WEDNESDAY 28

THURSDAY 29

FRIDAY 30

SATURDAY 1

Canada Day

SUNDAY 2

Andy looked up in horror. Right in front of Sally, a worm was emerging from his forehead—and he felt himself turning even redder.

JULY 2006

JULY 2006						
S	M	T	W	T	F	S
25	26	27	28	29	30	1
2	3	4	5	6	7	8
9	10	11	12	13	14	15
16	17	18	19	20	21	22
23	24	25	26	27	28	29
30	31	1	2	3	4	5

AUGUST 2006						
S	M	T	W	T	F	S
30	31	1	2	3	4	5
6	7	8	9	10	11	12
13	14	15	16	17	18	19
20	21	22	23	24	25	26
27	28	29	30	31	1	2

MONDAY
3

TUESDAY
4

Independence Day (USA)

WEDNESDAY
5

THURSDAY
6

FRIDAY
7

SATURDAY
8

SUNDAY
9

"I'm leaving you, Frank, because you're a shiftless, low-down, good-for-nothing imbecile ... and, might I finally add, you have the head of a chicken."

JULY 2006

JULY 2006						
S	M	T	W	T	F	S
25	26	27	28	29	30	1
2	3	4	5	6	7	8
9	10	11	12	13	14	15
16	17	18	19	20	21	22
23	24	25	26	27	28	29
30	31	1	2	3	4	5

AUGUST 2006						
S	M	T	W	T	F	S
30	31	1	2	3	4	5
6	7	8	9	10	11	12
13	14	15	16	17	18	19
20	21	22	23	24	25	26
27	28	29	30	31	1	2

MONDAY 10

TUESDAY 11

WEDNESDAY 12

Battle of the Boyne Day (Northern Ireland)

THURSDAY 13

FRIDAY 14

SATURDAY 15

SUNDAY 16

"So, Raymond ... Linda tells us you work in the security division of an automobile wreckage site."

JULY 2006

S	M	T	W	T	F	S
25	26	27	28	29	30	1
2	3	4	5	6	7	8
9	10	11	12	13	14	15
16	17	18	19	20	21	22
23	24	25	26	27	28	29
30	31	1	2	3	4	5

JULY 2006

AUGUST 2006

S	M	T	W	T	F	S
30	31	1	2	3	4	5
6	7	8	9	10	11	12
13	14	15	16	17	18	19
20	21	22	23	24	25	26
27	28	29	30	31	1	2

MONDAY
17

TUESDAY
18

WEDNESDAY
19

THURSDAY
20

FRIDAY
21

SATURDAY
22

SUNDAY
23

"Care to dance, Ms. Hollings?"

JULY 2006

S	M	T	W	T	F	S
25	26	27	28	29	30	1
2	3	4	5	6	7	8
9	10	11	12	13	14	15
16	17	18	19	20	21	22
23	24	25	26	27	28	29
30	31	1	2	3	4	5

JULY 2006

AUGUST 2006

S	M	T	W	T	F	S
30	31	1	2	3	4	5
6	7	8	9	10	11	12
13	14	15	16	17	18	19
20	21	22	23	24	25	26
27	28	29	30	31	1	2

MONDAY
24

TUESDAY
25

WEDNESDAY
26

THURSDAY
27

FRIDAY
28

SATURDAY
29

SUNDAY
30

AUGUST 2006

SUNDAY	MONDAY	TUESDAY	WEDNESDAY	THURSDAY	FRIDAY	SATURDAY
30	31	1	2	3	4	5
6	7 Bank Holiday (Eire, Scotland, Australia—NSW, ACT) Picnic Day (Australia—NT)	8	9	10	11	12
13	14	15	16	17	18	19
20	21	22	23	24	25	26
27	28 Summer Bank Holiday (UK)	29	30	31	1	2

JULY 2006

S	M	T	W	T	F	S
25	26	27	28	29	30	1
2	3	4	5	6	7	8
9	10	11	12	13	14	15
16	17	18	19	20	21	22
23/30	24/31	25	26	27	28	29

NOTES

SEPTEMBER 2006

S	M	T	W	T	F	S
27	28	29	30	31	1	2
3	4	5	6	7	8	9
10	11	12	13	14	15	16
17	18	19	20	21	22	23
24	25	26	27	28	29	30

NOTES

"And I like honesty in a relationship—I'm not into playing games."

JULY 2006

S	M	T	W	T	F	S
25	26	27	28	29	30	1
2	3	4	5	6	7	8
9	10	11	12	13	14	15
16	17	18	19	20	21	22
23	24	25	26	27	28	29
30	31	1	2	3	4	5

JULY–AUG 2006

AUGUST 2006

S	M	T	W	T	F	S
30	31	1	2	3	4	5
6	7	8	9	10	11	12
13	14	15	16	17	18	19
20	21	22	23	24	25	26
27	28	29	30	31	1	2

MONDAY
31

TUESDAY
1

WEDNESDAY
2

THURSDAY
3

FRIDAY
4

SATURDAY
5

SUNDAY
6

"You should hear him! ... First he growls and snarls at me and *then* he thinks he can make everything okay by scratching me behind the ears."

AUGUST 2006

S	M	T	W	T	F	S
30	31	1	2	3	4	5
6	7	8	9	10	11	12
13	14	15	16	17	18	19
20	21	22	23	24	25	26
27	28	29	30	31	1	2

AUGUST 2006

SEPTEMBER 2006

S	M	T	W	T	F	S
27	28	29	30	31	1	2
3	4	5	6	7	8	9
10	11	12	13	14	15	16
17	18	19	20	21	22	23
24	25	26	27	28	29	30

MONDAY 7

Bank Holiday (Eire, Scotland, Australia—NSW, ACT)

Picnic Day (Australia—NT)

TUESDAY 8

WEDNESDAY 9

THURSDAY 10

FRIDAY 11

SATURDAY 12

SUNDAY 13

"Yeah, yeah, buddy, I've heard it all before: You've just metamorphosed and you've got 24 hours to find a mate and breed before you die. ... Well, buzz off!"

AUGUST 2006

AUGUST 2006						
S	M	T	W	T	F	S
30	31	1	2	3	4	5
6	7	8	9	10	11	12
13	14	15	16	17	18	19
20	21	22	23	24	25	26
27	28	29	30	31	1	2

SEPTEMBER 2006						
S	M	T	W	T	F	S
27	28	29	30	31	1	2
3	4	5	6	7	8	9
10	11	12	13	14	15	16
17	18	19	20	21	22	23
24	25	26	27	28	29	30

MONDAY 14

TUESDAY 15

WEDNESDAY 16

THURSDAY 17

FRIDAY 18

SATURDAY 19

SUNDAY 20

"All right! All right! If you want the truth, off and on I've been seeing *all* the vowels—a, e, i, o, u. ... Oh, yes! And *sometimes* y!"

AUGUST 2006

S	M	T	W	T	F	S
30	31	1	2	3	4	5
6	7	8	9	10	11	12
13	14	15	16	17	18	19
20	21	22	23	24	25	26
27	28	29	30	31	1	2

AUGUST 2006

SEPTEMBER 2006

S	M	T	W	T	F	S
27	28	29	30	31	1	2
3	4	5	6	7	8	9
10	11	12	13	14	15	16
17	18	19	20	21	22	23
24	25	26	27	28	29	30

MONDAY 21

TUESDAY 22

WEDNESDAY 23

THURSDAY 24

FRIDAY 25

SATURDAY 26

SUNDAY 27

SEPTEMBER 2006

SUNDAY	MONDAY	TUESDAY	WEDNESDAY	THURSDAY	FRIDAY	SATURDAY
27	28	29	30	31	1	2
3 Father's Day (Australia, NZ)	4 Labor Day (USA, Canada)	5	6	7	8	9
10	11	12	13	14	15	16
17	18	19	20	21	22	23 Rosh Hashanah begins First Day of Autumn
24 Rosh Hashanah ends	25	26	27	28	29	30

AUGUST 2006

S	M	T	W	T	F	S
30	31	1	2	3	4	5
6	7	8	9	10	11	12
13	14	15	16	17	18	19
20	21	22	23	24	25	26
27	28	29	30	31	1	2

NOTES

OCTOBER 2006

S	M	T	W	T	F	S
1	2	3	4	5	6	7
8	9	10	11	12	13	14
15	16	17	18	19	20	21
22	23	24	25	26	27	28
29	30	31	1	2	3	4

NOTES

"Uh-oh, Lorraine ... someone seems to be checking you out."

AUG–SEPT 2006

AUGUST 2006						
S	M	T	W	T	F	S
30	31	1	2	3	4	5
6	7	8	9	10	11	12
13	14	15	16	17	18	19
20	21	22	23	24	25	26
27	28	29	30	31	1	2

SEPTEMBER 2006						
S	M	T	W	T	F	S
27	28	29	30	31	1	2
3	4	5	6	7	8	9
10	11	12	13	14	15	16
17	18	19	20	21	22	23
24	25	26	27	28	29	30

MONDAY 28

Summer Bank Holiday (UK)

TUESDAY 29

WEDNESDAY 30

THURSDAY 31

FRIDAY 1

SATURDAY 2

Father's Day (Australia, NZ)

SUNDAY 3

Chicken sexual fantasies

SEPTEMBER 2006

S	M	T	W	T	F	S
27	28	29	30	31	1	2
3	4	5	6	7	8	9
10	11	12	13	14	15	16
17	18	19	20	21	22	23
24	25	26	27	28	29	30

SEPTEMBER 2006

OCTOBER 2006

S	M	T	W	T	F	S
1	2	3	4	5	6	7
8	9	10	11	12	13	14
15	16	17	18	19	20	21
22	23	24	25	26	27	28
29	30	31	1	2	3	4

MONDAY 4

Labor Day (USA, Canada)

TUESDAY 5

WEDNESDAY 6

THURSDAY 7

FRIDAY 8

SATURDAY 9

SUNDAY 10

SPIDER PERSONALS
BLACK WIDOW seeks male for fun weekends.
BLACK WIDOW looking for nice male, same species
BLACK WIDOW; attractive; large red hour glass, outgoing. Call Susan
BLACK WIDOW, fun-loving attractive, long legs, wants to meet any male 555-1196
BLACK WIDOW, non-smoker, seeks male to share indoor web. 555-6617
BLACK WIDOW, young, likes dark places
WIDOW wants to meet male with no strings attach
BLACK WIDO wants to
WIDOW
BLACK WIDOW to meet a nice male who
BLACK WIDOW for someone willing to
BLACK WIDOW male of same for fun & games.
BLACK WIDOW seeks someone who willing long walks
BLACK if you'r I'm
SPIDER PER
BLACK WIDOW enjoys going for long walks and listening to
BLACK WIDOW to have a male over for quiet dinner and
BLACK WIDOW
Larson

SEPTEMBER 2006

SEPTEMBER 2006

S	M	T	W	T	F	S
27	28	29	30	31	1	2
3	4	5	6	7	8	9
10	11	12	13	14	15	16
17	18	19	20	21	22	23
24	25	26	27	28	29	30

OCTOBER 2006

S	M	T	W	T	F	S
1	2	3	4	5	6	7
8	9	10	11	12	13	14
15	16	17	18	19	20	21
22	23	24	25	26	27	28
29	30	31	1	2	3	4

MONDAY 11

TUESDAY 12

WEDNESDAY 13

THURSDAY 14

FRIDAY 15

SATURDAY 16

SUNDAY 17

"Well, actually, Doreen, I rather resent being called a 'swamp thing.' ...
I prefer the term 'wetlands-challenged-mutant.'"

SEPTEMBER 2006

SEPTEMBER 2006						
S	M	T	W	T	F	S
27	28	29	30	31	1	2
3	4	5	6	7	8	9
10	11	12	13	14	15	16
17	18	19	20	21	22	23
24	25	26	27	28	29	30

OCTOBER 2006						
S	M	T	W	T	F	S
1	2	3	4	5	6	7
8	9	10	11	12	13	14
15	16	17	18	19	20	21
22	23	24	25	26	27	28
29	30	31	1	2	3	4

MONDAY
18

TUESDAY
19

WEDNESDAY
20

THURSDAY
21

FRIDAY
22

SATURDAY
23

Rosh Hashanah begins
First Day of Autumn

Rosh Hashanah ends

SUNDAY
24

OCTOBER 2006

Sunday	Monday	Tuesday	Wednesday	Thursday	Friday	Saturday
1	2 Queen's Birthday (Australia—WA) Labour Day (Australia—ACT, NSW, SA) Yom Kippur	3	4	5	6	7
8	9 Columbus Day (USA) Thanksgiving (Canada)	10	11	12	13	14
15	16	17	18	19	20	21
22	23 Labour Day (NZ)	24 United Nations Day	25	26	27	28
29 Daylight Saving Time ends	30	31 Halloween	1	2	3	4

SEPTEMBER 2006

S	M	T	W	T	F	S
27	28	29	30	31	1	2
3	4	5	6	7	8	9
10	11	12	13	14	15	16
17	18	19	20	21	22	23
24	25	26	27	28	29	30

NOTES

NOVEMBER 2006

S	M	T	W	T	F	S
29	30	31	1	2	3	4
5	6	7	8	9	10	11
12	13	14	15	16	17	18
19	20	21	22	23	24	25
26	27	28	29	30	1	2

NOTES

"Oh, yeah? If you're alone, then whose eye is that?"

SEPT–OCT 2006

SEPTEMBER 2006

S	M	T	W	T	F	S
27	28	29	30	31	1	2
3	4	5	6	7	8	9
10	11	12	13	14	15	16
17	18	19	20	21	22	23
24	25	26	27	28	29	30

OCTOBER 2006

S	M	T	W	T	F	S
1	2	3	4	5	6	7
8	9	10	11	12	13	14
15	16	17	18	19	20	21
22	23	24	25	26	27	28
29	30	31	1	2	3	4

MONDAY 25

TUESDAY 26

WEDNESDAY 27

THURSDAY 28

FRIDAY 29

SATURDAY 30

SUNDAY 1

"Oh, Misty always hates me showing this slide. ...
It's halftime at the '88 Detroit–Chicago game when we first met."

OCTOBER 2006						
S	M	T	W	T	F	S
1	2	3	4	5	6	7
8	9	10	11	12	13	14
15	16	17	18	19	20	21
22	23	24	25	26	27	28
29	30	31	1	2	3	4

OCTOBER 2006

NOVEMBER 2006						
S	M	T	W	T	F	S
29	30	31	1	2	3	4
5	6	7	8	9	10	11
12	13	14	15	16	17	18
19	20	21	22	23	24	25
26	27	28	29	30	1	2

MONDAY 2

Queen's Birthday (Australia—WA)

Labour Day (Australia—ACT, NSW, SA)

Yom Kippur

TUESDAY 3

WEDNESDAY 4

THURSDAY 5

FRIDAY 6

SATURDAY 7

SUNDAY 8

"Listen, you want to come over to my place? I get great FM."

OCTOBER 2006

OCTOBER 2006						
S	M	T	W	T	F	S
1	2	3	4	5	6	7
8	9	10	11	12	13	14
15	16	17	18	19	20	21
22	23	24	25	26	27	28
29	30	31	1	2	3	4

NOVEMBER 2006						
S	M	T	W	T	F	S
29	30	31	1	2	3	4
5	6	7	8	9	10	11
12	13	14	15	16	17	18
19	20	21	22	23	24	25
26	27	28	29	30	1	2

MONDAY 9

Columbus Day (USA)

Thanksgiving (Canada)

TUESDAY 10

WEDNESDAY 11

THURSDAY 12

FRIDAY 13

SATURDAY 14

SUNDAY 15

"Okay, Jane, this guy you want me to go out with—you say he lives alone, he doesn't have any friends, and he has a slight frothing problem. ... He's not a rogue, is he?"

OCTOBER 2006

OCTOBER 2006						
S	M	T	W	T	F	S
1	2	3	4	5	6	7
8	9	10	11	12	13	14
15	16	17	18	19	20	21
22	23	24	25	26	27	28
29	30	31	1	2	3	4

NOVEMBER 2006						
S	M	T	W	T	F	S
29	30	31	1	2	3	4
5	6	7	8	9	10	11
12	13	14	15	16	17	18
19	20	21	22	23	24	25
26	27	28	29	30	1	2

MONDAY 16

TUESDAY 17

WEDNESDAY 18

THURSDAY 19

FRIDAY 20

SATURDAY 21

SUNDAY 22

"One more thing, young man. You get my daughter home before sunrise—
I don't want you coming back here with a pile of dried bones!"

OCTOBER 2006

OCTOBER 2006						
S	M	T	W	T	F	S
1	2	3	4	5	6	7
8	9	10	11	12	13	14
15	16	17	18	19	20	21
22	23	24	25	26	27	28
29	30	31	1	2	3	4

NOVEMBER 2006						
S	M	T	W	T	F	S
29	30	31	1	2	3	4
5	6	7	8	9	10	11
12	13	14	15	16	17	18
19	20	21	22	23	24	25
26	27	28	29	30	1	2

MONDAY 23

Labour Day (NZ)

TUESDAY 24

United Nations Day

WEDNESDAY 25

THURSDAY 26

FRIDAY 27

SATURDAY 28

Daylight Saving Time ends

SUNDAY 29

NOVEMBER 2006

Sunday	Monday	Tuesday	Wednesday	Thursday	Friday	Saturday
29	30	31	1	2	3	4
5	6	7 Election Day (USA)	8	9	10	11 Veterans' Day (USA) Remembrance Day (Canada, UK)
12	13	14	15	16	17	18
19	20	21	22	23 Thanksgiving (USA)	24	25
26	27	28	29	30 St. Andrew's Day (UK)	1	2

OCTOBER 2006

S	M	T	W	T	F	S
1	2	3	4	5	6	7
8	9	10	11	12	13	14
15	16	17	18	19	20	21
22	23	24	25	26	27	28
29	30	31	1	2	3	4

NOTES

DECEMBER 2006

S	M	T	W	T	F	S
26	27	28	29	30	1	2
3	4	5	6	7	8	9
10	11	12	13	14	15	16
17	18	19	20	21	22	23
24/31	25	26	27	28	29	30

NOTES

"Hey, c'mon now! ... You two were *made* for each other!"

OCT–NOV 2006

OCTOBER 2006

S	M	T	W	T	F	S
1	2	3	4	5	6	7
8	9	10	11	12	13	14
15	16	17	18	19	20	21
22	23	24	25	26	27	28
29	30	31	1	2	3	4

NOVEMBER 2006

S	M	T	W	T	F	S
29	30	31	1	2	3	4
5	6	7	8	9	10	11
12	13	14	15	16	17	18
19	20	21	22	23	24	25
26	27	28	29	30	1	2

MONDAY 30

TUESDAY 31

Halloween

WEDNESDAY 1

THURSDAY 2

FRIDAY 3

SATURDAY 4

SUNDAY 5

"Oh, wonderful—you're early."

NOVEMBER 2006

NOVEMBER 2006

S	M	T	W	T	F	S
29	30	31	1	2	3	4
5	6	7	8	9	10	11
12	13	14	15	16	17	18
19	20	21	22	23	24	25
26	27	28	29	30	1	2

DECEMBER 2006

S	M	T	W	T	F	S
26	27	28	29	30	1	2
3	4	5	6	7	8	9
10	11	12	13	14	15	16
17	18	19	20	21	22	23
24	25	26	27	28	29	30
31	1	2	3	4	5	6

MONDAY
6

TUESDAY
7

Election Day (USA)

WEDNESDAY
8

THURSDAY
9

FRIDAY
10

SATURDAY
11

Veterans' Day (USA)
Remembrance Day (Canada, UK)

SUNDAY
12

"Oooooo! Check it out, Edith! It's a *quadraceratops!*"

NOVEMBER 2006

NOVEMBER 2006

S	M	T	W	T	F	S
29	30	31	1	2	3	4
5	6	7	8	9	10	11
12	13	14	15	16	17	18
19	20	21	22	23	24	25
26	27	28	29	30	1	2

DECEMBER 2006

S	M	T	W	T	F	S
26	27	28	29	30	1	2
3	4	5	6	7	8	9
10	11	12	13	14	15	16
17	18	19	20	21	22	23
24	25	26	27	28	29	30
31	1	2	3	4	5	6

MONDAY 13

TUESDAY 14

WEDNESDAY 15

THURSDAY 16

FRIDAY 17

SATURDAY 18

SUNDAY 19

Red Cloud's ultimate nightmare

NOVEMBER 2006

NOVEMBER 2006						
S	M	T	W	T	F	S
29	30	31	1	2	3	4
5	6	7	8	9	10	11
12	13	14	15	16	17	18
19	20	21	22	23	24	25
26	27	28	29	30	1	2

DECEMBER 2006						
S	M	T	W	T	F	S
26	27	28	29	30	1	2
3	4	5	6	7	8	9
10	11	12	13	14	15	16
17	18	19	20	21	22	23
24	25	26	27	28	29	30
31	1	2	3	4	5	6

MONDAY
20

TUESDAY
21

WEDNESDAY
22

THURSDAY
23

Thanksgiving (USA)

FRIDAY
24

SATURDAY
25

SUNDAY
26

DECEMBER 2006

Sunday	Monday	Tuesday	Wednesday	Thursday	Friday	Saturday
26	27	28	29	30	1	2
3	4	5	6	7	8	9
10 Human Rights Day	11	12	13	14	15	16 First Day of Hanukkah
17	18	19	20	21	22 First Day of Winter	23 Last Day of Hanukkah
24 Christmas Eve / 31	25 Christmas Day	26 Kwanzaa begins (USA) Boxing Day (Canada, NZ, UK, Australia—except SA) Proclamation Day (Australia—SA)	27	28	29	30

NOVEMBER 2006

S	M	T	W	T	F	S
29	30	31	1	2	3	4
5	6	7	8	9	10	11
12	13	14	15	16	17	18
19	20	21	22	23	24	25
26	27	28	29	30	1	2

NOTES

JANUARY 2007

S	M	T	W	T	F	S
31	1	2	3	4	5	6
7	8	9	10	11	12	13
14	15	16	17	18	19	20
21	22	23	24	25	26	27
28	29	30	31	1	2	3

NOTES

With one glance, Luanne sized up the two males in their goldfinch necklaces.

NOV–DEC 2006

NOVEMBER 2006

S	M	T	W	T	F	S
29	30	31	1	2	3	4
5	6	7	8	9	10	11
12	13	14	15	16	17	18
19	20	21	22	23	24	25
26	27	28	29	30	1	2

DECEMBER 2006

S	M	T	W	T	F	S
26	27	28	29	30	1	2
3	4	5	6	7	8	9
10	11	12	13	14	15	16
17	18	19	20	21	22	23
24	25	26	27	28	29	30
31	1	2	3	4	5	6

MONDAY 27

TUESDAY 28

WEDNESDAY 29

THURSDAY 30

St. Andrew's Day (UK)

FRIDAY 1

SATURDAY 2

SUNDAY 3

"Hey! I got news for you, sweetheart! ... I *am* the lowest form of life on earth!"

DECEMBER 2006

S	M	T	W	T	F	S
26	27	28	29	30	1	2
3	4	5	6	7	8	9
10	11	12	13	14	15	16
17	18	19	20	21	22	23
24	25	26	27	28	29	30
31	1	2	3	4	5	6

DECEMBER 2006

JANUARY 2007

S	M	T	W	T	F	S
31	1	2	3	4	5	6
7	8	9	10	11	12	13
14	15	16	17	18	19	20
21	22	23	24	25	26	27
28	29	30	31	1	2	3

MONDAY
4

TUESDAY
5

WEDNESDAY
6

THURSDAY
7

FRIDAY
8

SATURDAY
9

Human Rights Day

SUNDAY
10

"Oh, no! I have several others—Oggy here is just a tad aggressive, so he has to stay in a cage."

DECEMBER 2006

DECEMBER 2006						
S	M	T	W	T	F	S
26	27	28	29	30	1	2
3	4	5	6	7	8	9
10	11	12	13	14	15	16
17	18	19	20	21	22	23
24	25	26	27	28	29	30
31	1	2	3	4	5	6

JANUARY 2007						
S	M	T	W	T	F	S
31	1	2	3	4	5	6
7	8	9	10	11	12	13
14	15	16	17	18	19	20
21	22	23	24	25	26	27
28	29	30	31	1	2	3

MONDAY 11

TUESDAY 12

WEDNESDAY 13

THURSDAY 14

FRIDAY 15

SATURDAY 16

First Day of Hanukkah

SUNDAY 17

"Saaaaay. ... I think I smell *perfume!* ...
You haven't been over at the Leopard Woman's, have you?"

DECEMBER 2006						
S	M	T	W	T	F	S
26	27	28	29	30	1	2
3	4	5	6	7	8	9
10	11	12	13	14	15	16
17	18	19	20	21	22	23
24	25	26	27	28	29	30
31	1	2	3	4	5	6

DECEMBER 2006

JANUARY 2007						
S	M	T	W	T	F	S
31	1	2	3	4	5	6
7	8	9	10	11	12	13
14	15	16	17	18	19	20
21	22	23	24	25	26	27
28	29	30	31	1	2	3

MONDAY
18

TUESDAY
19

WEDNESDAY
20

THURSDAY
21

FRIDAY
22

First Day of Winter

SATURDAY
23

Last Day of Hanukkah

Christmas Eve

SUNDAY
24

Someone for everyone

DECEMBER 2006

DECEMBER 2006						
S	M	T	W	T	F	S
26	27	28	29	30	1	2
3	4	5	6	7	8	9
10	11	12	13	14	15	16
17	18	19	20	21	22	23
24	25	26	27	28	29	30
31	1	2	3	4	5	6

JANUARY 2007						
S	M	T	W	T	F	S
31	1	2	3	4	5	6
7	8	9	10	11	12	13
14	15	16	17	18	19	20
21	22	23	24	25	26	27
28	29	30	31	1	2	3

MONDAY 25

Christmas Day

TUESDAY 26

Kwanzaa begins (USA)

Boxing Day (Canada, NZ, UK, Australia—except SA)

Proclamation Day (Australia—SA)

WEDNESDAY 27

THURSDAY 28

FRIDAY 29

SATURDAY 30

SUNDAY 31

JANUARY 2007

FEBRUARY 2007

MARCH 2007

APRIL 2007

MAY 2007

JUNE 2007

JULY 2007

AUGUST 2007

SEPTEMBER 2007

OCTOBER 2007

NOVEMBER 2007

DECEMBER 2007

JANUARY 2005

S	M	T	W	T	F	S
26	27	28	29	30	31	1
2	3	4	5	6	7	8
9	10	11	12	13	14	15
16	17	18	19	20	21	22
23/30	24/31	25	26	27	28	29

FEBRUARY 2005

S	M	T	W	T	F	S
30	31	1	2	3	4	5
6	7	8	9	10	11	12
13	14	15	16	17	18	19
20	21	22	23	24	25	26
27	28	1	2	3	4	5

MARCH 2005

S	M	T	W	T	F	S
27	28	1	2	3	4	5
6	7	8	9	10	11	12
13	14	15	16	17	18	19
20	21	22	23	24	25	26
27	28	29	30	31	1	2

APRIL 2005

S	M	T	W	T	F	S
27	28	29	30	31	1	2
3	4	5	6	7	8	9
10	11	12	13	14	15	16
17	18	19	20	21	22	23
24	25	26	27	28	29	30

MAY 2005

S	M	T	W	T	F	S
1	2	3	4	5	6	7
8	9	10	11	12	13	14
15	16	17	18	19	20	21
22	23	24	25	26	27	28
29	30	31	1	2	3	4

JUNE 2005

S	M	T	W	T	F	S
29	30	31	1	2	3	4
5	6	7	8	9	10	11
12	13	14	15	16	17	18
19	20	21	22	23	24	25
26	27	28	29	30	1	2

JULY 2005

S	M	T	W	T	F	S
26	27	28	29	30	1	2
3	4	5	6	7	8	9
10	11	12	13	14	15	16
17	18	19	20	21	22	23
24/31	25	26	27	28	29	30

AUGUST 2005

S	M	T	W	T	F	S
31	1	2	3	4	5	6
7	8	9	10	11	12	13
14	15	16	17	18	19	20
21	22	23	24	25	26	27
28	29	30	31	1	2	3

SEPTEMBER 2005

S	M	T	W	T	F	S
28	29	30	31	1	2	3
4	5	6	7	8	9	10
11	12	13	14	15	16	17
18	19	20	21	22	23	24
25	26	27	28	29	30	1

OCTOBER 2005

S	M	T	W	T	F	S
25	26	27	28	29	30	1
2	3	4	5	6	7	8
9	10	11	12	13	14	15
16	17	18	19	20	21	22
23/30	24/31	25	26	27	28	29

NOVEMBER 2005

S	M	T	W	T	F	S
30	31	1	2	3	4	5
6	7	8	9	10	11	12
13	14	15	16	17	18	19
20	21	22	23	24	25	26
27	28	29	30	1	2	3

DECEMBER 2005

S	M	T	W	T	F	S
27	28	29	30	1	2	3
4	5	6	7	8	9	10
11	12	13	14	15	16	17
18	19	20	21	22	23	24
25	26	27	28	29	30	31

JANUARY 2006

S	M	T	W	T	F	S
1	2	3	4	5	6	7
8	9	10	11	12	13	14
15	16	17	18	19	20	21
22	23	24	25	26	27	28
29	30	31	1	2	3	4

FEBRUARY 2006

S	M	T	W	T	F	S
29	30	31	1	2	3	4
5	6	7	8	9	10	11
12	13	14	15	16	17	18
19	20	21	22	23	24	25
26	27	28	1	2	3	4

MARCH 2006

S	M	T	W	T	F	S
26	27	28	1	2	3	4
5	6	7	8	9	10	11
12	13	14	15	16	17	18
19	20	21	22	23	24	25
26	27	28	29	30	31	1

APRIL 2006

S	M	T	W	T	F	S
26	27	28	29	30	31	1
2	3	4	5	6	7	8
9	10	11	12	13	14	15
16	17	18	19	20	21	22
23/30	24	25	26	27	28	29

MAY 2006

S	M	T	W	T	F	S
30	1	2	3	4	5	6
7	8	9	10	11	12	13
14	15	16	17	18	19	20
21	22	23	24	25	26	27
28	29	30	31	1	2	3

JUNE 2006

S	M	T	W	T	F	S
28	29	30	31	1	2	3
4	5	6	7	8	9	10
11	12	13	14	15	16	17
18	19	20	21	22	23	24
25	26	27	28	29	30	1

JULY 2006

S	M	T	W	T	F	S
25	26	27	28	29	30	1
2	3	4	5	6	7	8
9	10	11	12	13	14	15
16	17	18	19	20	21	22
23/30	24/31	25	26	27	28	29

AUGUST 2006

S	M	T	W	T	F	S
30	31	1	2	3	4	5
6	7	8	9	10	11	12
13	14	15	16	17	18	19
20	21	22	23	24	25	26
27	28	29	30	31	1	2

SEPTEMBER 2006

S	M	T	W	T	F	S
27	28	29	30	31	1	2
3	4	5	6	7	8	9
10	11	12	13	14	15	16
17	18	19	20	21	22	23
24	25	26	27	28	29	30

OCTOBER 2006

S	M	T	W	T	F	S
1	2	3	4	5	6	7
8	9	10	11	12	13	14
15	16	17	18	19	20	21
22	23	24	25	26	27	28
29	30	31	1	2	3	4

NOVEMBER 2006

S	M	T	W	T	F	S
29	30	31	1	2	3	4
5	6	7	8	9	10	11
12	13	14	15	16	17	18
19	20	21	22	23	24	25
26	27	28	29	30	1	2

DECEMBER 2006

S	M	T	W	T	F	S
26	27	28	29	30	1	2
3	4	5	6	7	8	9
10	11	12	13	14	15	16
17	18	19	20	21	22	23
24/31	25	26	27	28	29	30

JANUARY 2007

S	M	T	W	T	F	S
31	1	2	3	4	5	6
7	8	9	10	11	12	13
14	15	16	17	18	19	20
21	22	23	24	25	26	27
28	29	30	31	1	2	3

FEBRUARY 2007

S	M	T	W	T	F	S
28	29	30	31	1	2	3
4	5	6	7	8	9	10
11	12	13	14	15	16	17
18	19	20	21	22	23	24
25	26	27	28	1	2	3

MARCH 2007

S	M	T	W	T	F	S
25	26	27	28	1	2	3
4	5	6	7	8	9	10
11	12	13	14	15	16	17
18	19	20	21	22	23	24
25	26	27	28	29	30	31

APRIL 2007

S	M	T	W	T	F	S
1	2	3	4	5	6	7
8	9	10	11	12	13	14
15	16	17	18	19	20	21
22	23	24	25	26	27	28
29	30	1	2	3	4	5

MAY 2007

S	M	T	W	T	F	S
29	30	1	2	3	4	5
6	7	8	9	10	11	12
13	14	15	16	17	18	19
20	21	22	23	24	25	26
27	28	29	30	31	1	2

JUNE 2007

S	M	T	W	T	F	S
27	28	29	30	31	1	2
3	4	5	6	7	8	9
10	11	12	13	14	15	16
17	18	19	20	21	22	23
24	25	26	27	28	29	30

JULY 2007

S	M	T	W	T	F	S
1	2	3	4	5	6	7
8	9	10	11	12	13	14
15	16	17	18	19	20	21
22	23	24	25	26	27	28
29	30	31	1	2	3	4

AUGUST 2007

S	M	T	W	T	F	S
29	30	31	1	2	3	4
5	6	7	8	9	10	11
12	13	14	15	16	17	18
19	20	21	22	23	24	25
26	27	28	29	30	31	1

SEPTEMBER 2007

S	M	T	W	T	F	S
26	27	28	29	30	31	1
2	3	4	5	6	7	8
9	10	11	12	13	14	15
16	17	18	19	20	21	22
23/30	24	25	26	27	28	29

OCTOBER 2007

S	M	T	W	T	F	S
30	1	2	3	4	5	6
7	8	9	10	11	12	13
14	15	16	17	18	19	20
21	22	23	24	25	26	27
28	29	30	31	1	2	3

NOVEMBER 2007

S	M	T	W	T	F	S
28	29	30	31	1	2	3
4	5	6	7	8	9	10
11	12	13	14	15	16	17
18	19	20	21	22	23	24
25	26	27	28	29	30	1

DECEMBER 2007

S	M	T	W	T	F	S
25	26	27	28	29	30	1
2	3	4	5	6	7	8
9	10	11	12	13	14	15
16	17	18	19	20	21	22
23/30	24/31	25	26	27	28	29

NAMES & NUMBERS

A–G

H–M

NAMES & NUMBERS

N–S

T–Z